loqueleo

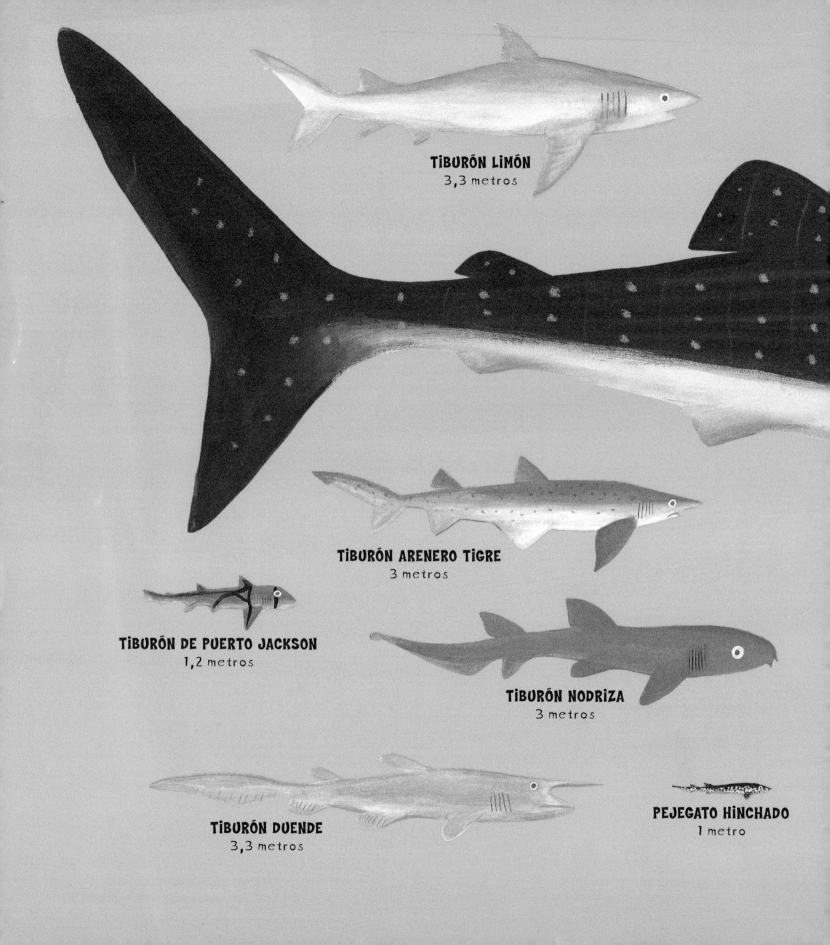

TIBURÓN LIMÓN
3,3 metros

TIBURÓN ARENERO TIGRE
3 metros

TIBURÓN DE PUERTO JACKSON
1,2 metros

TIBURÓN NODRIZA
3 metros

TIBURÓN DUENDE
3,3 metros

PEJEGATO HINCHADO
1 metro

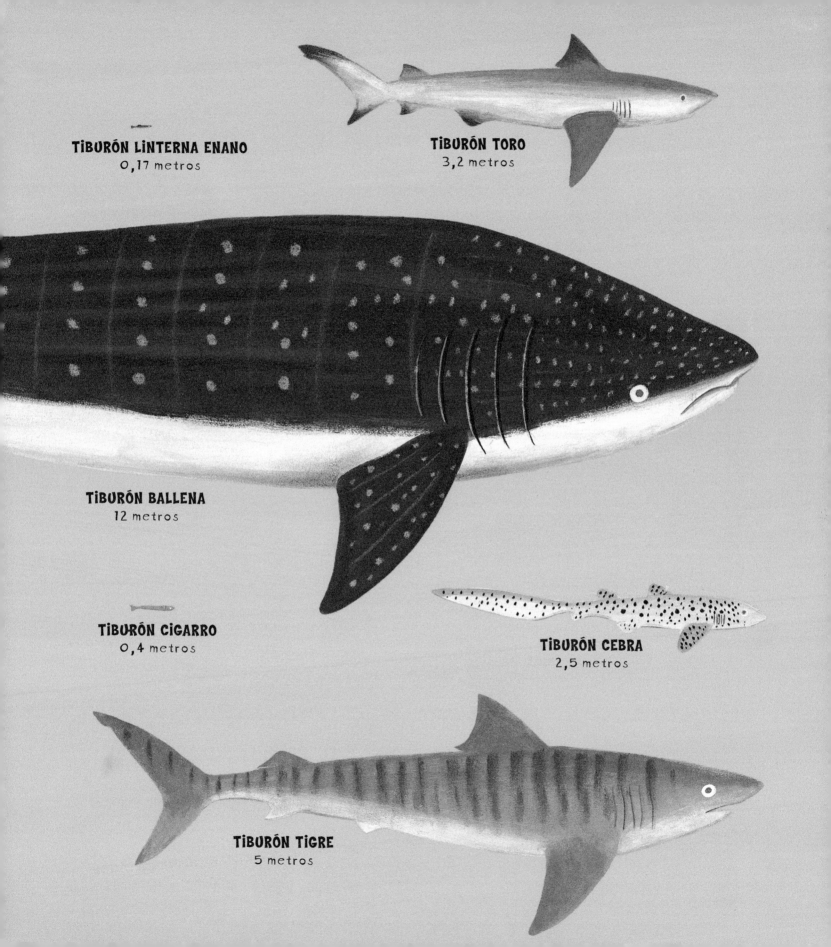

TIBURÓN LINTERNA ENANO
0,17 metros

TIBURÓN TORO
3,2 metros

TIBURÓN BALLENA
12 metros

TIBURÓN CIGARRO
0,4 metros

TIBURÓN CEBRA
2,5 metros

TIBURÓN TIGRE
5 metros

Para los niños de la escuela primaria
de Hudson, en Sunderland. N. D.

Para mamá, papá, Lisa y Wayne. J. C.

loqueleo

Título original: *Surprising Sharks*
© Del texto: 2003, Nicola Davies
© De las ilustraciones: 2003, James Croft
Publicado en español con la autorización de Walker Books Limited,
London SE11 5HJ

© De esta edición: 2019, Santillana USA Publishing Company, Inc.
2023 NW 84th Avenue, Miami, FL 33122, USA
www.santillanausa.com
www.loqueleo.com/us

Dirección editorial: Isabel C. Mendoza
Traducción: Alberto Jiménez
Cuidado de la edición: Lisset López
Montaje: Claudia Baca

Loqueleo es un sello del **Grupo Editorial
Santillana**. Estas son sus sedes:
Argentina, Bolivia, Chile, Colombia, Costa Rica, Ecuador,
El Salvador, España, Estados Unidos, Guatemala, México,
Panamá, Paraguay, Perú, Puerto Rico, República
Dominicana, Uruguay y Venezuela.

Tiburones sorprendentes
ISBN: 978-1-6410-1319-2

Published in the United States of America
Printed in [TK] by [TK]

25 24 23 22 21 20 19   1 2 3 4 5 6 7 8 9 10

TIBURONES
SORPRENDENTES

Nicola Davies

ilustrado por
James Croft

loqueleo

Estás nadando en el cálido mar azul.
¿Cuál es la única palabra que convierte tu sueño
en una pesadilla?

¿Cuál es la única palabra
que te hace pensar en un

gigantesco
asesino que devora
humanos?

¿TIBURÓN? ¡Sí, es un tiburón!

Es un **TIBURÓN LINTERNA ENANO**, el tipo
de tiburón más pequeño del mundo, solo un poco
más grande que una barra de chocolate. No es
un gigante, ciertamente no es un devorador de
humanos y solo te mataría si fueras un camarón.

Verás, **LA MAYORÍA** de los tiburones no son en absoluto lo que podrías esperar. Después de todo,

Como todos los **TIBURONES LINTERNA**, este **TIBURÓN LINTERNA PANZA NEGRA** proyecta luz desde su barriga. Eso le ayuda a confundirse con la superficie plateada del mar para no acabar siendo la cena de un pez mayor que él.

¿quién iba a pensar que un tiburón tuviera guirnaldas de luces incorporadas... o se hinchara como un globo de fiesta...

Cuando tiene miedo, el **PEJEGATO HINCHADO** traga agua para triplicar su tamaño. Así puede encajarse entre las rocas ¡y no hay depredador que lo saque!

En Australia vive el tiburón **ALFOMBRA**. Su piel estampada hace juego con las rocas y los corales del fondo marino, de modo que puede acercarse sigilosamente a los mariscos, cangrejos y peces pequeños sin que lo vean.

o yaciera en el fondo del mar
como un trozo de alfombra vieja...

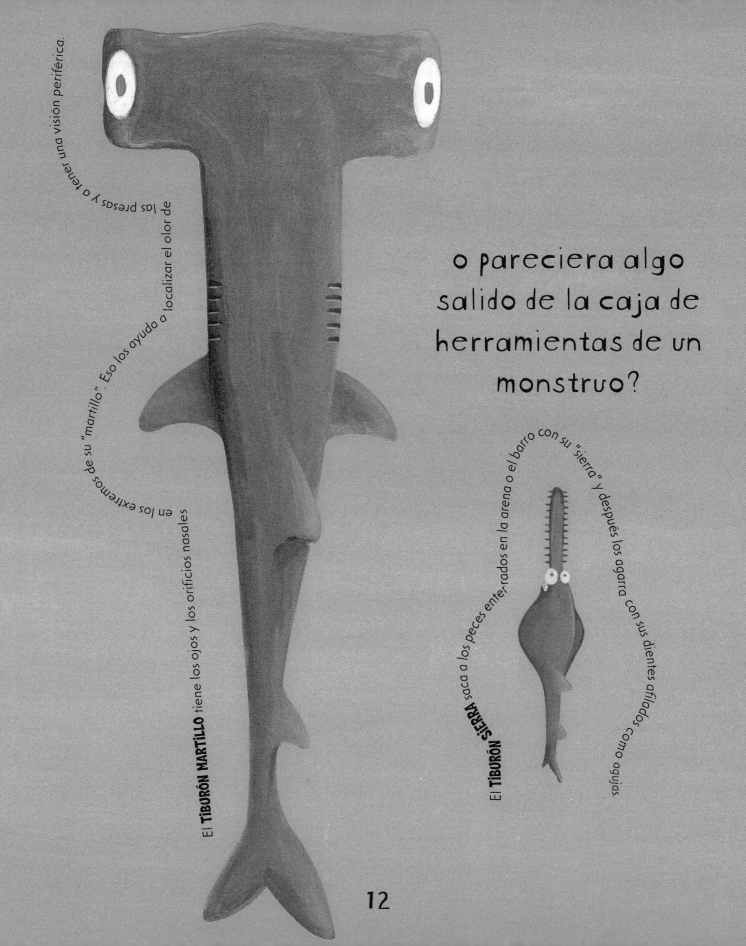

o pareciera algo salido de la caja de herramientas de un monstruo?

El **TIBURÓN MARTILLO** tiene los ojos y los orificios nasales en los extremos de su "martillo". Eso los ayuda a localizar el olor de las presas y a tener una visión periférica.

El **TIBURÓN SIERRA** saca a los peces enterrados en la arena o el barro con su "sierra", y después los agarra con sus dientes afilados como agujas.

De hecho, los tiburones vienen en todo tipo
de **formas** y **tamaños**.

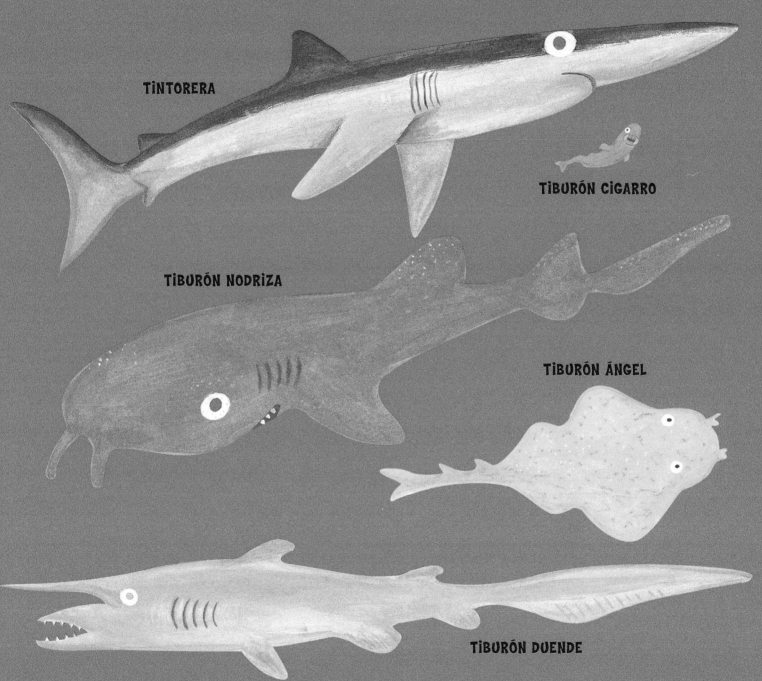

TINTORERA

TIBURÓN CIGARRO

TIBURÓN NODRIZA

TIBURÓN ÁNGEL

TIBURÓN DUENDE

¿Cómo es que esos animales tan distintos
son todos tiburones?
Mira atentamente y verás todas las
cosas que tienen en común.

ALETA DORSAL

COLA

ALETA
PÉLVICA

ALETAS Y COLA PARA NADAR...
A diferencia de las colas de otros peces,
las aletas de la cola de un tiburón son
más grandes en la parte superior que en
la inferior. La cola lo empuja a través del
agua y las aletas lo ayudan a nadar hacia
la izquierda o hacia la derecha, hacia
arriba o hacia abajo.

ALETA
PECTORAL

Por fuera:

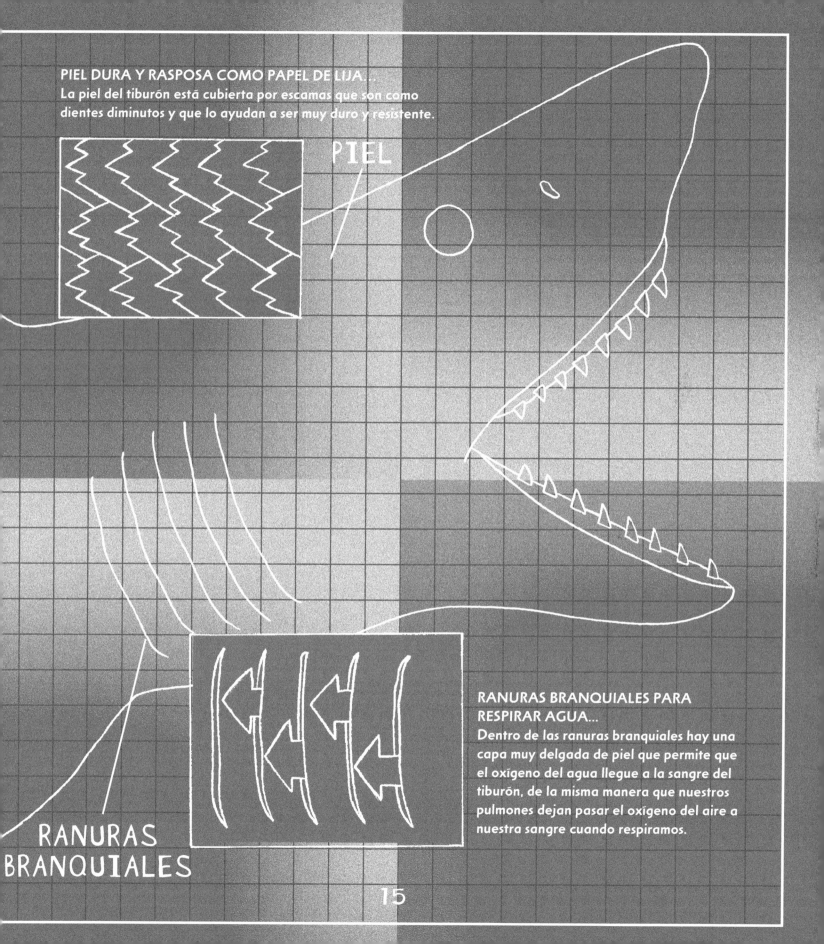

PIEL DURA Y RASPOSA COMO PAPEL DE LIJA...
La piel del tiburón está cubierta por escamas que son como
dientes diminutos y que lo ayudan a ser muy duro y resistente.

PIEL

RANURAS BRANQUIALES PARA
RESPIRAR AGUA...
Dentro de las ranuras branquiales hay una
capa muy delgada de piel que permite que
el oxígeno del agua llegue a la sangre del
tiburón, de la misma manera que nuestros
pulmones dejan pasar el oxígeno del aire a
nuestra sangre cuando respiramos.

RANURAS
BRANQUIALES

Por dentro:

MANDÍBULAS QUE PUEDEN SALIRSE DE LA BOCA, COMO UNA CAJA DE SORPRESAS...
Las mandíbulas de un tiburón no son parte de su cabeza, como en nuestro caso. En vez de eso, están sostenidas por una especie de banda elástica viviente, de modo que se pueden disparar velozmente hacia adelante para agarrar la presa.

MANDÍBULAS

DIENTES

FILAS Y FILAS DE DIENTES DE REPUESTO, ASÍ QUE EL TIBURÓN SIEMPRE PUEDE MORDER...
Un tiburón llega a tener hasta 3000 dientes, todos en hileras, uno detrás del otro. Cuando un diente se desgasta o se cae, el que está detrás se mueve hacia delante para reemplazarlo. Por eso los tiburones siempre tienen dientes afilados y usan más de 20 000 durante su vida.

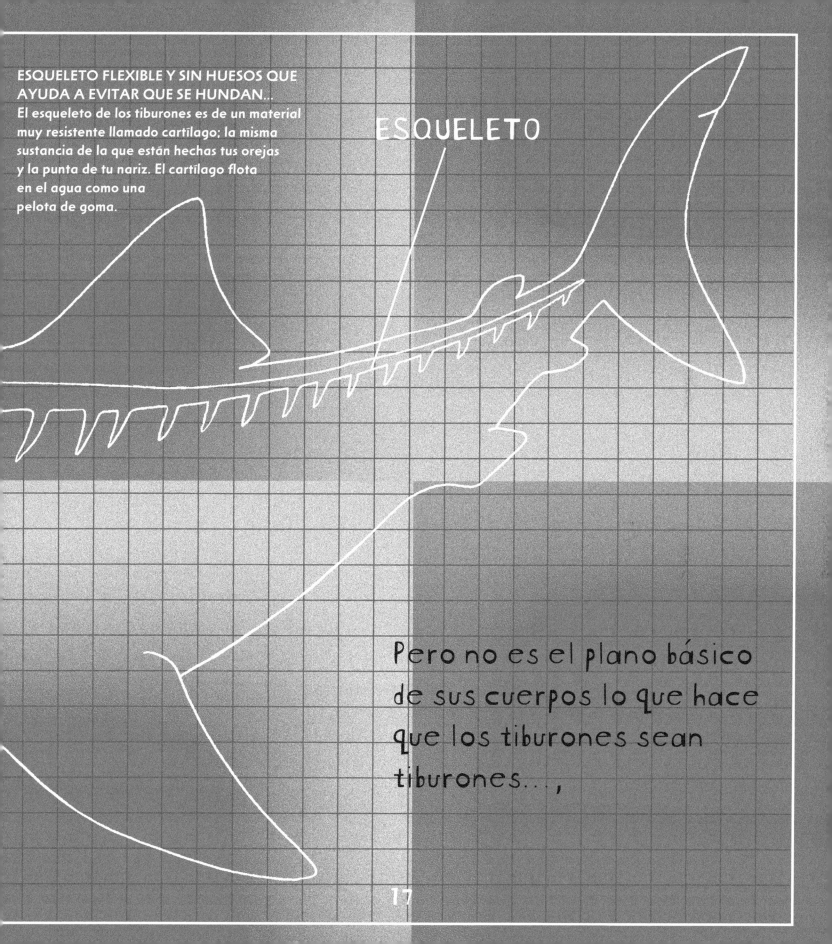

ESQUELETO FLEXIBLE Y SIN HUESOS QUE
AYUDA A EVITAR QUE SE HUNDAN...
El esqueleto de los tiburones es de un material
muy resistente llamado cartílago; la misma
sustancia de la que están hechas tus orejas
y la punta de tu nariz. El cartílago flota
en el agua como una
pelota de goma.

ESQUELETO

Pero no es el plano básico
de sus cuerpos lo que hace
que los tiburones sean
tiburones... ,

17

¡es su forma "atiburonada" de comportarse!
Los tiburones siempre tienen hambre y siempre
van en busca de su próxima comida. Algunos
incluso empiezan a **matar**
antes de nacer.

El **TIBURÓN ARENERO TIGRE**
solo da a luz a dos crías vivas,
que es todo lo que queda
después de que esas dos se
han comido a otras seis
en el vientre de su madre.

¡Atrapémoslo!

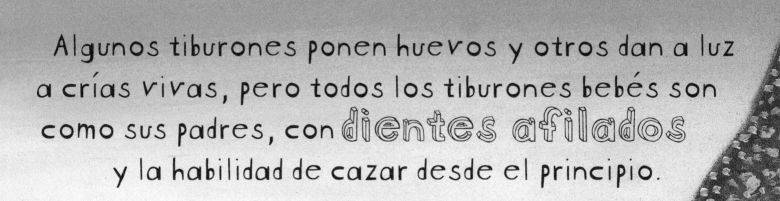

Algunos tiburones ponen huevos y otros dan a luz
a crías vivas, pero todos los tiburones bebés son
como sus padres, con dientes afilados
y la habilidad de cazar desde el principio.

El **TIBURÓN MIELGA** pone unos huevos llamados "monederos de sirena", provistos de una especie de cuerdas que se enredan en las malezas para mantenerlos a salvo durante las tormentas.

El **TIBURÓN DE PUERTO JACKSON** pone huevos en forma de sacacorchos que se pegan rápidamente en las grietas de las rocas.

Los sentidos de los tiburones están bien afinados, ¡listos para captar la mínima pista que pueda indicar comida!

Los tiburones tienen pequeños agujeros por donde el sonido entra al oído interno. Pueden escuchar sonidos demasiado bajos para ser captados por nuestros oídos.

Los ojos de los tiburones están a los lados de su cabeza, ¡por lo que ven casi igual de bien hacia atrás o hacia adelante!

Toda la piel del tiburón es sensible, como ocurre con las puntas de los dedos de los seres humanos. Distingue entre caliente y frío, áspero y liso, inmóvil y en movimiento. Los tiburones obtienen también todo tipo de información del movimiento y la temperatura del agua que rodea su cuerpo.

Para un tiburón hambriento, el rastro más tenue es tan claro como el letrero lumínico de un restaurante.

Las fosas nasales del tiburón están justo debajo de la punta del hocico. El agua fluye hacia ellas a medida que el tiburón avanza, trayendo consigo cualquier olor.

Los poros llenos de una sustancia gelatinosa del hocico del tiburón pueden detectar comida. Todos los animales tienen nervios, que son como cables que llevan mensajes eléctricos alrededor del cuerpo. Esos poros del tiburón pueden sentir esta electricidad.

El **TiBURÓN PEREGRiNO** aspira más de 9000 litros de agua llena de plancton por hora. Plancton es el nombre que reciben los muchos tipos de plantas y animales diminutos que flotan en el mar, movidos por el viento y la marea.

Y cuando por fin están lo suficientemente cerca para matar, sienten el crujir de los nervios vivos de su presa, por lo que muerden en el lugar justo... ¡sin importar qué presa sea! **Plancton**...

o **personas**! Oh, sí, es verdad: ciertos tiburones atacan a la gente; alrededor de seis de nosotros cada año.

El **GRAN TIBURÓN BLANCO** es solo una de las tres especies de tiburones que atacan a la gente con regularidad. Las otras dos son el **TIBURÓN TORO** y el **TIBURÓN TIGRE**. De hecho, solo 30 de las 500 especies de tiburón han atacado a humanos. ¡Los cocodrilos, los elefantes, los perros y hasta los cerdos matan más gente cada año que los tiburones!

¡Pero cada año, **la gente** mata **100 millones** de tiburones!

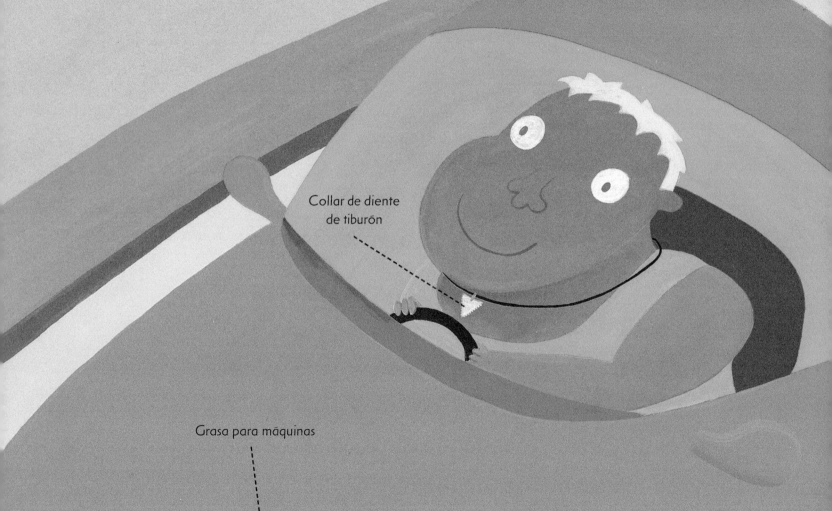

Collar de diente de tiburón

Grasa para máquinas

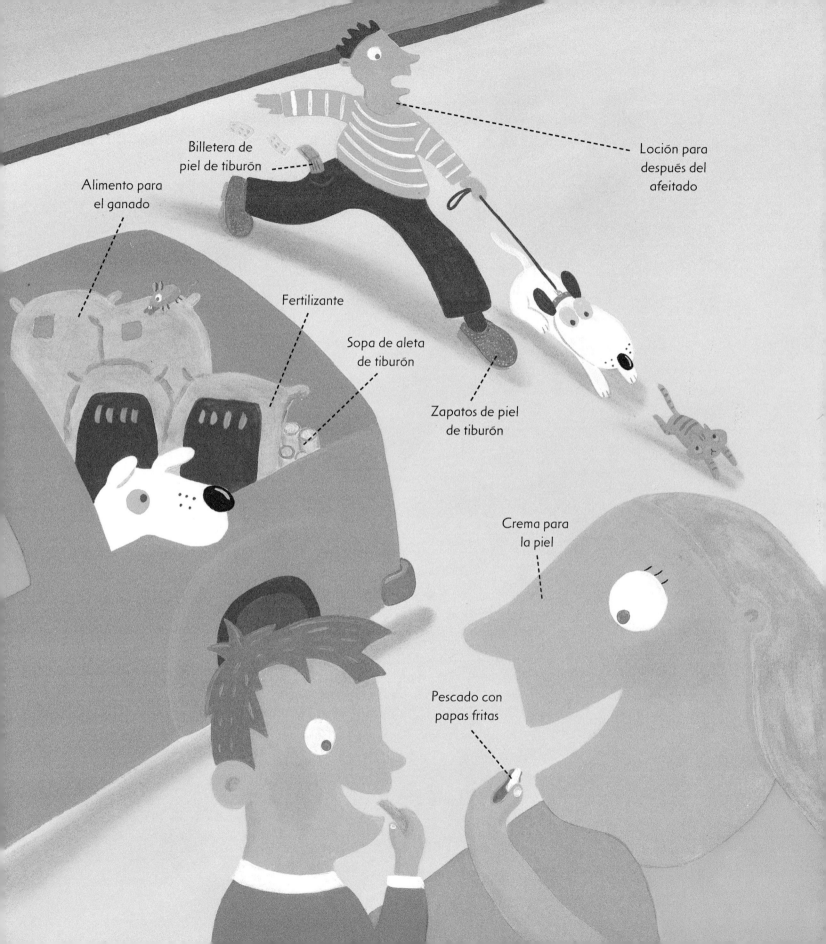

Alimento para el ganado

Billetera de piel de tiburón

Loción para después del afeitado

Fertilizante

Sopa de aleta de tiburón

Zapatos de piel de tiburón

Crema para la piel

Pescado con papas fritas

26

Si fueras un tiburón y estuvieras nadando en el encantador mar azul, la última palabra que querrías oír sería...

¡hUMaNO!

Índice

Busca en las páginas que se indican para aprender sobre todas estas cosas de los tiburones. No olvides mirar ambos tipos de palabras: este tipo y este tipo.

Sobre los tiburones

Los tiburones llevan en la Tierra 300 millones de años y aún se encuentran en todos los mares y océanos del mundo. La gente los considera monstruos, pero, de las 500 especies existentes, solo 30 han atacado a seres humanos y la mayoría se alimentan de crustáceos y peces pequeños.

Los tiburones son depredadores, solo matan para alimentarse y en el mar tienen una importancia tan grande como la de lobos, leones y tigres en la tierra.

Sobre la autora

Nicola Davies es una zoóloga y escritora con un amor especial por el mar. Ha visto tiburones peregrinos frente a la costa de Devon y una vez se encontró cara a cara con un tiburón mientras buceaba: un tiburón espinoso del tamaño de una sardina. Como los tiburones llevan en la Tierra mucho más tiempo que los humanos, ella cree que merecen nuestro respeto y protección.

Sobre el ilustrador

James Croft siempre ha disfrutado dibujando tiburones. Sus dientes, velocidad y peligro siempre han alimentado su imaginación como ninguna otra criatura. James vive y trabaja en Londres.

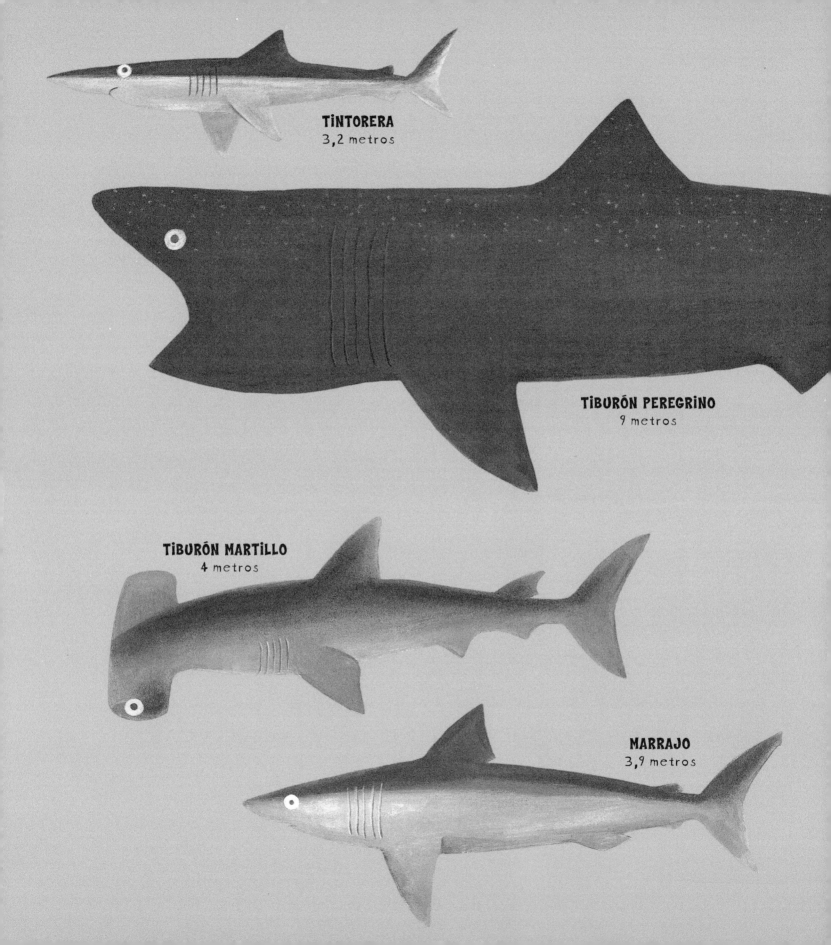

TINTORERA
3,2 metros

TIBURÓN PEREGRINO
9 metros

TIBURÓN MARTILLO
4 metros

MARRAJO
3,9 metros

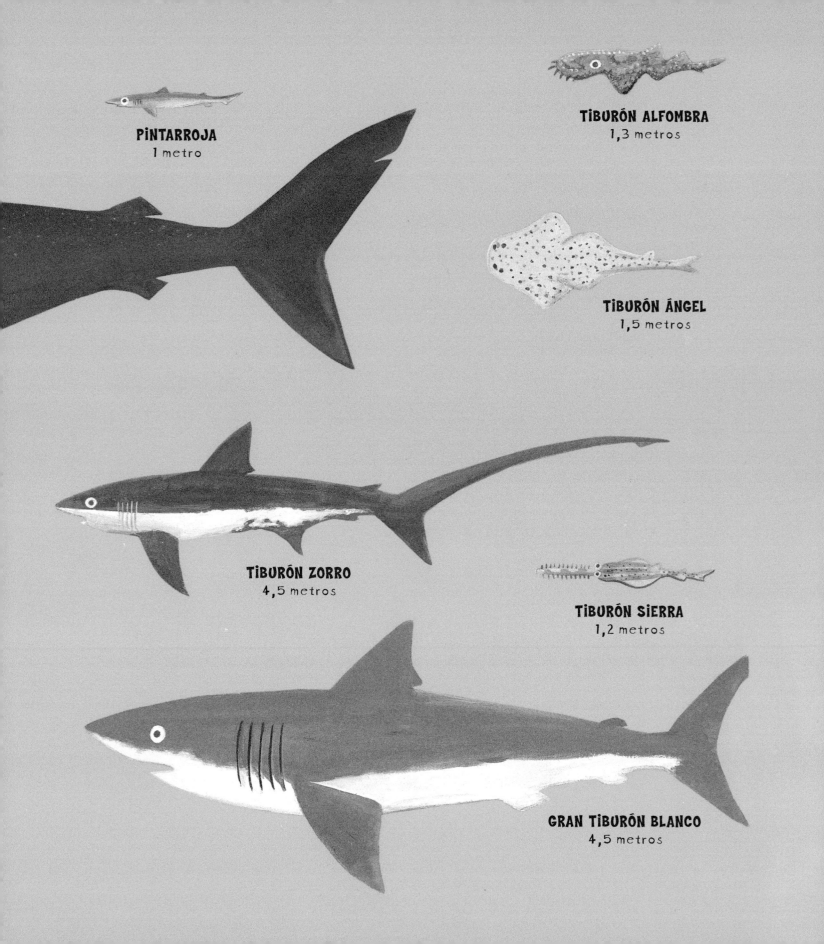

PINTARROJA
1 metro

TIBURÓN ALFOMBRA
1,3 metros

TIBURÓN ÁNGEL
1,5 metros

TIBURÓN ZORRO
4,5 metros

TIBURÓN SIERRA
1,2 metros

GRAN TIBURÓN BLANCO
4,5 metros

Aquī acaba este libro
escrito, ilustrado, diseñado, editado, impreso
por personas que aman los libros.
Aquī acaba este libro que tū has leīdo,
el libro que ya eres.